AF525705

Das Waldgarten-Prinzip

Silvio Waser

Das Waldgarten-Prinzip

Permakultur:
naturnah, effizient und ertragreich

Impressum:
Silvio Waser
Nachdruck 2024
Veröffentlicht im Synergia Verlag, Alle, JU/ CH,
eine Marke der Sentovision GmbH/ S.A.R.L.
www.synergia-verlag.ch

Alle Rechte vorbehalten
Fotos: Silvio Waser
Textnachbearbeitung: Regula Huggenberger
Umschlaggestaltung, Gestaltung und Satz: FontFront.com, Roßdorf

Vertrieb durch Synergia Auslieferung
www.synergia-auslieferung.de

Printed in EU
ISBN-13: 978-3-906873-28-2

Bibliografische Information der Deutschen Bibliothek
Die Deutsche Bibliothek verzeichnet diese Publikation in der deutschen Nationalbibliografie; detaillierte bibliografische Daten sind im Internet unter http://dnb.ddb.de abrufbar.

Widmung

Dieses Buch widme ich all meinen kleinen Freunden, die rumfliegen, rumkrabbeln und rumschleichen.

Oft unbemerkt von uns, fristen sie ein unauffälliges Leben und sind doch so wichtig für die Vielfalt unserer Natur. Schenken wir ihnen doch ein Zuhause.

Inhaltsverzeichnis:

Willkommen in meinem Waldgarten

2. Vorwort

Wäre es nicht wunderbar, man könnte in einen paradiesisch schönen Garten gehen, in welchem Verschiedenes wächst und auch lebt. Man könnte sich dort von reifen Früchten und Kräutern bedienen, Gemüse essen, Tiere beobachten, wunderschöne Seerosen und sonstige Blumen betrachten, ab und zu die Seele baumeln lassen, **ohne** ständig darin arbeiten und sich um die Pflanzen sorgen zu müssen?

Es viel mehr der Natur zu überlassen, die meiste Arbeit zu tun, nur ab und zu regulierend eingreifen, damit sich nur erwünschte Pflanzen ausbreiten und sich die Büsche und Bäume nicht allzu breit machen, damit der Lichteinfall nicht beeinträchtigt wird. Wäre das nicht paradiesisch schön?

Das Waldgarten-Prinzip handelt genau davon und zeigt den Weg, wie jeder, auch in kleinen Gärten, dies umsetzen kann.

Der hier beschriebene Waldgarten ist knapp 100m² gross. Ein ebenso grosser Garten liegt gleich nebenan, diesen bewirtschafte ich, zusammen mit einem Freund, nach Permakultur Prinzipien, jedoch nicht hundertprozentig nach den Waldgarten-Prinzipien. So sieht man schön den Unterschied zwischen einem Oekogarten und einem Waldgarten. Diesen würde ich so beschreiben: Der Waldgarten wird konsequent auf 2 oder 3 Ebenen angepflanzt, er wächst also immer auch in die Höhe und zu einem ‚grossen Ganzen' zusammengefügt, eben wie ein Wald, bzw. ein Waldgarten. Zum Beispiel können unter einem Baum auch Kartoffeln oder Kapuzinerkresse wachsen. Der Anspruch, die Natur möglichst als Ganzes einzuladen und ihr gerecht zu werden, steht im Vordergrund. Der reguläre Hausgarten, ob ökologisch bewirtschaftet oder nicht, bewegt sich vorwiegend im flachen Bereich. Entwickelt so wenig beruhigtes Mikro-Klima und bietet relativ wenig Lebensraum für die Biodiversität. Die Ertrags-Effizienz steht im Vordergrund.

Die reine Permakultur Methode ist relativ stark Effizienz orientiert und manchmal etwas sehr pragmatisch. Hauptsache ökologisch ist ihr Motto. Da können alte Pneus ohne Probleme für Blumenbeete verwendet werden. Der Aspekt des Seelengartens, also einem Garten, der auch für die Seele ein Erholungsort ist, wird beachtet, doch nicht so stark gewichtet, wie beim Waldgarten-Prinzip.

Doch die internationale Permakultur Bewegung ist sehr bunt und lässt sich auch nicht so einfach einordnen, was ja sehr für die Permakultur und ihre Vielfalt spricht.

Die hier von mir beschriebene und entwickelte Methode, unterscheidet sich jedoch grundlegend von schon bekannten Gartenbaumethoden: Sie ist eine Synthese aus 4 Gartenbaumethoden, angepasst an unser modernes Leben, in welchem die Zeit manchmal etwas knapp ist und man trotzdem nicht auf einen eigenen Garten, der einen mit eigenen Lebensmitteln versorgt, verzichten möchte.

Die beiden im Buch erwähnten und gezeigten Gärten sind in eine städtische Schrebergarten Anlage in Winterthur integriert. Winterthur wird auch zu Recht die Gartenstadt genannt. Die Schrebergärten werden auf über 3000 geschätzt, bei einer Einwohnerzahl von über 100 000.

Wenn man einmal das Waldgarten Prinzip verstanden hat, welches ja nicht schwer zu verstehen ist, kann man es seinen Bedürfnissen und Möglichkeiten anpassen. Es lässt sich sogar auf dem Balkon oder auf ganz kleinen Flächen umsetzen. Der Kreativität und den Möglichkeiten sind keine Grenzen gesetzt.

Randansicht meines Waldgartens: Pflaumen- und Kirschbaum, Heidelbeerstrauch/ Stachelbeerenstrauch, Mulch mit Gras, Stroh und Rinden, Phacelia als Bienenweide und Bodenverbesserer, Lavendelkräuter und eine wildwachsende Königskerze. Ein bunter Mix nach den Waldgarten-Prinzipien.

3. Eine grundlegend andere Haltung

Die Grundhaltung beim Anpflanzen eines Waldgartens ist eine andere als die, die wir sonst kennen. Sie beruht nicht auf: „Wie hole ich möglichst viel Ertrag effizient aus meinem Garten heraus?". Die Grundmotivation ist die Freude an der Natur, ihrer Vielfalt und ihren Bewohnern und erst dann kommt die Freude am eigenen Ertrag.

Es ist der Versuch eines freundschaftlichen Miteinanders, in welchem der Mensch zum Wohle aller, die Führung hat. Man kreiert einen Garten, in welchem sich die heimische Natur wohlfühlt und auch eingeladen fühlt. Konkret überlässt man einen Teil des Gartens der Natur, kombiniert und integriert darin den Anbau von Lebensmitteln, die man für seine Teil-Selbstversorgung braucht.

Beim regulären Gartengemüse und Früchteanbau ist es genau umgekehrt, man pflanzt so viel wie möglich Nahrungsmittel an und versucht dann, wenn es noch möglich ist, etwas nicht-profitorientiertes für die Natur zu machen. Zum Beispiel Blumen für die Bienen zu säen, Vögel zu füttern oder eine Totholzhecke einzurichten. Dies ist auf jeden Fall lobenswert, jedoch ist die Grundhaltung eine andere, als dass es beim Waldgarten gedacht ist.Beim Waldgarten versucht man eine möglichst natürliche Situation zu entwickeln, man imitiert sozusagen die wilde, unberührte Natur. Man stellt sich diese Natur bildlich vor, im Konkreten den Naturwald und lässt sich von ihm inspirieren.

In der wilden Natur entsteht alles, wie von unsichtbarer Hand gelenkt, in einer gegenseitig sich nützenden Symbiose. Das höchste Prinzip ist: „Alles nützt allem." Das verrottende Holz nützt vielen Insekten, die Insekten nützen den Vögeln, die Vögel, welche die

Samen weitertragen, nützen den Beeren und so weiter. Wird die Natur sich selbst überlassen, entwickelt sie ein perfektes Gleichgewicht unter all den Lebewesen. Man könnte es auch ein natürliches Paradies nennen.

Deshalb auch die wohltuende Wirkung, wenn man sich in so einem natürlichen Paradies aufhält. So ein natürliches Gleichgewicht wieder anzustreben, in von Menschen angelegten Gärten, ist die Vision des Waldgartens.

Schon nach kurzer Zeit fängt das Gleichgewicht wieder an zu spielen und eine natürliche Bio-Diversität stellt sich ein. Es werden alle möglichen Pflanzen, Tiere und Insekten angelockt. Ganz kleine, oft kaum vom Auge sichtbare, wie zum Beispiel Käfer und Mikroorganismen im verrottenden Totholz aber auch Marienkäfer, seltene Schmetterlinge, Vögel, Frösche, Erdkröten, Igel, Blindschleichen usw. Jedenfalls geschah es so in meinem Waldgarten, schon nach 2 Jahren kamen viele Insekten und sogar Frösche in meinen kleinen Seerosenteich. Gut möglich, dass man in den ersten Jahren mehr mit der Heilung des Boden durch Gründüngung und sonstigen, dem Boden wohltuenden, Maßnahmen beschäftigt ist und somit noch nicht so viel Ertrag erzielt. Das Wohl des Bodens, des Ortes, wo sich der Garten befindet, steht an erster Stelle, nicht der schnelle Ertrag. Die gesunde Zukunft des Gartens wird es mit natürlichen Lebensmitteln danken.

Die frühere Haltung, wie sie in der Bibel steht: „Mach dir die Erde untertan", ist sicher falsch übersetzt und zu Gunsten der menschlichen Gier interpretiert worden Diese hat beim Planen und Entwickeln eines persönlichen Waldgartens nichts mehr zu suchen.

Im Waldgarten ist es ein ständiger, kreativer, partnerschaftlicher Prozess, der zwischen Mensch und Natur stattfindet. Dieser beruht vorwiegend auf dem Beobachten der Natur und dem eher zurückhaltenden, achtsamen Eingreifen des Waldgärtners. Oft ist weniger mehr und vieles regelt die Natur selber.

Also muss man nicht gleich, zum Beispiel bei jeder Blattlaus, Massnahmen ergreifen. Die Blattlaus hat einen Gegenspieler, der sich von ihr ernährt. Vernichtet man alle Blattläuse, entzieht man dem Gegenspieler seine Lebensgrundlage und somit haben die zukünftigen Blattläuse, die garantiert wieder kommen werden, keine Feinde mehr und so ist das natürliche Gleichgewicht zwischen den beiden Tieren gestört.

Einmal hatte ich Raupen an meinem Rosenkohl. Zuerst reagierte ich mit Angst, dass sie sich rasch über alle Rosenkohlstauden ausbreiten könnten. Doch dann machte ich mir, das oben gerade erwähnte bewusst und liess die Raupen gewähren. Mit der inneren Haltung, welche ich den Raupen auch so kommunizierte, dass ich bereit wäre, 1-2 Rosenkohlstauden zu opfern, mehr aber nicht. Sie befielen nur eineinhalb Rosenkohle – ohne wirklich zu schaden – und verschwanden dann wie von selbst.

Dieses Zurückhalten können, ist für uns aktive Menschen nicht so einfach. Vor allem nicht, wenn wir in einer Leistungsgesellschaft aufgewachsen sind und von ihr geprägt wurden. Doch in einem Waldgarten macht es oft Sinn, einfach mal abzuwarten, zu beobachten und der Natur die Chance zu geben, sich selbst zu regulieren. Manchmal „opfert" man durch das vielleicht einmal Pflanzen. Doch wer weiss, vielleicht waren gerade diese Pflanzen sowieso nicht so gesund und robust und deshalb auch nicht für den Verzehr geeignet.

4. Das Waldgarten-Prinzip

... ist ein Zusammenspiel zwischen

einem Naturgarten, wo die wilde Natur den Garten vom Mensch gelenkt bewohnen darf,

einem Nutzgarten, der alleine für das Erzeugen von Nahrungsmitteln bestimmt ist,

einem Waldgarten, der auf drei Ebenen möglichst miteinander verbunden stattfindet und

einem Blumengarten, der vor allem für die „Ernährung" der Seele gepflanzt wurde.

Also ist es eine Synthese aus **4 Gartentypen**.

Der Waldgarten ist, zwischen allen anderen Gartenansätzen, das verbindende Element.

Welcher Anteil überwiegt, ist dem Waldgarten-Gärtner überlassen, dies kann sich ja auch immer wieder verändern und es kann eine andere Gewichtung in den Vordergrund treten.

Bei meinem Garten war ich anfangs stärker auf Gemüseanbau konzentriert. Später wurde mir das Naturgarten Prinzip und die Blumen und Kräuter immer wichtiger. Gut möglich, dass sich auch dies wieder ändert und mir die Selbstversorgung mit Gemüse wieder wichtiger wird.

Mit dem Waldgarten ist alles möglich und auch einfach umzusetzen.

4.1. In Gemeinschaft auf drei Ebenen pflanzen

Was ist denn ein Wald überhaupt, genau genommen?

Hier eine mögliche Definition:

Ein Wald ist ein vielfältiges Zusammenspiel von verschiedenen Lebensformen, die sich gegenseitig nützen und ergänzen, das heisst, einen geschlossenen, lebendigen Kreislauf bilden, wo jedes lebendige Glied eine wichtige Funktion innehat und so, zusammenwirkend, ein grösseres, komplexeres Ganzes erschaffen.

Der Wald reguliert sich selber und ist von Aussen relativ unabhängig. Es ist ein offenes, aber in sich geschlossenes System; seine Grenzen sind durchlässig und fliessend. Die Pflanzen und Tiere, die darin leben, wachsen und leben auf drei unterschiedlichen Ebenen und füllen so den ganzen Raum aus.

Der grundsätzlichste Unterschied zu anderen Gartenmethoden, ist sicher der, dass man, wie im Wald, auf drei Ebenen anpflanzt und zwar ineinander verwoben.

1. Flache Ebene: Gemüse, Kräuter, Blumen …

2. Mittlere Ebene: Sträucher, Beeren, Trauben …

3. Höchste Ebene: kleinwüchsige, max. 3 m grosse (wichtig!) Obstbäume, Äpfel, Birnen, Pflaumen, Kirschen, Beeren … welche nicht zu eng gepflanzt werden!

Der Unterschied zum Wald besteht darin, dass man die höchsten Pflanzen, also die kleinwüchsigen, maximal 3 Meter hohen

Obstbäume, nicht zu nahe zueinander pflanzt, damit noch genügend Licht einfallen kann. Ebenso sollte darauf geachtet werden, dass Büsche sich nicht zu breit entfalten, sodass es auch am Boden noch genügend Licht hat.

Das Mengenverhältnis zueinander teilt sich jeder nach persönlicher Vorliebe ein. Je nach Präferenzen und zeitlichen Möglichkeiten sich im Waldgarten zu engagieren.

Es ist klar, Gemüse braucht eher mehr Zeit und regelmässige Aufmerksamkeit. Obstbäume hingegen, muss man einmal im Jahr schneiden, ab und zu bewässern und im Herbst die Früchte ernten. Ebenso ist es bei den Beeren.

Der Waldgarten passt, gerade wegen seiner flexiblen Handhabung, sehr gut in fast eines jeden Alltagsleben und so vor allem auch in unsere moderne Zeit.

Es gibt Jahre, in welchen ich einiges mehr an Zeit und Lust habe, dann baue ich mehr Gemüse an. Dann gibt es wieder Jahre, wo es einfach nicht so passt, viel Zeit und Aufmerksamkeit in den Garten zu investieren, dann säe ich auf den Gemüseflächen Phacelia Gründüngung für die Hummeln und Bienen und ernte vor allem von den Beeren und Bäumen.

So gibt es Spielraum und man kann den Waldgarten den aktuellen Bedürfnissen anpassen, ohne gleich den Garten ganz aufgeben zu müssen. Trotzdem wächst er weiter und bringt immer mehr Früchte und Ertrag, da die Pflanzen ja grösser werden. Zudem ist und bleibt er, auch ohne viel Anpflanzung, ein Ort der Erholung und Inspiration und so, ein eher in seelischer Hinsicht nährender Garten, was ja auch sehr wichtig sein kann, gerade bei intensiven Lebensphasen.

Hier ist eine Teilansicht meines Waldgartens ca. 2-3 Jahre alt. Man sieht das Waldgarten-Prinzip auf den drei verschiedenen Ebenen umgesetzt:

1. Ebene: *Erdbeeren unterhalb des Apfelbaumes (Mitte), Lavendel beim grossen Stein, links. Hinter der Pergola sind Gemüsebeete, inklusive Tomatenhäusche (repräsentiert den Nutzgarten) Noch weiter hinten ist die Vogelschutzhecke. Sie dient auch als Schutz vor Winden (fördert das Mikroklima).*

2. Ebene: *Johannisbeersträucher (bei der Pergola rechts),Weiden, Buschwindrosen (noch klein, rechts beim Lavendel)*

3. Ebene: *Kleinwüchsige Fruchtbäume, kletternde Trauben*

Überall sind die Beete mit Natursteinen umrandet, welche die Feuchtigkeit speichern und tierfreundlich sind (in den Zwischenräumen leben Kleintiere und auf den Steinen können sich wärmesuchende Tiere sonnen). Dies repräsentiert den ***Naturgarten.***

Die Wege sind mit Kies ausgelegt. Verhindert das Wachsen von unerwünschten Pflanzen, wärmt und schützt den Boden. Überall ist die Erde mit Mulch zugedeckt. Bei Kräutern Rindenmulch, bei Erdbeeren Holzstroh, bei Gemüse trockenes Gras, Laub, wenig Stroh (da Stroh für seine Verrottung Stickstoff aus dem Boden zehrt, deshalb nur sparsam einsetzen).

Es hat überall Blumen: Dies repräsentiert den ***Ziergarten oder Seelengarten.***

Im Waldgarten gehört das Entspannen dazu, da der Waldgarten, ist er einmal angelegt, nicht mehr so eine intensive Betreuung benötigt und man auch Zeit für Muße hat: Deshalb auch der Liegestuhl unterhalb der mit Trauben zuwachsenden Pergola.

Hier sieht man den Waldgarten vom Eingangsbereich her: Anfang des Gartens wird der Garten für die Seele (Ziergarten) repräsentiert: Es sind zwei Rosenbeete, ebenso ist der Eingang mit einem (meist blühenden) Rosenbogen markiert. Aber auch andere langjährige, zum Teil wildwachsende Blumen, gedeihen hier (man sieht auf dem Hügel Margeriten). Jetzt liegt auf dem Hügel Totholz (sieht man auf den nachfolgenden Bildern) und zwischen den Blumen hat es kleinwüchsige Bäume. Ebenso Erdbeeren und Gemüse. Zwiebeln, Knoblauch bei den Rosen gepflanzt, schützt diese vor Schädlingen.

5. Effizienz = weniger Aufwand

Meine Erfahrung ist, dass ein angelegter Waldgarten nicht mehr so viel Zeit und Pflege beansprucht, wie ein anderer, regulärer Gemüsegarten.

Ein grosser Teil der Pflanzen ist ja einfach permanent da: Obstbäume, Sträucher, Kräuter, Weiden, Weintrauben und muss einfach hin und wieder zurechtgestutzt werden.

Das Umgraben der Gartenerde übernehmen die Regenwürmer. Ich grabe nie um. Die Würmer ernähren sich mit Mulch, der aus Heu, Laub und anderem Grünzeug entsteht und leisten, durch ihr ständiges, unterirdisches, sich Bewegen, eine sehr wichtige Aufgabe im Garten: Der Boden wird gelockert, durchlüftet und ihr Kot ist ein wertvoller Dünger. Ebenso hinterlassen sie Bahnen, die gerne von den Pflanzen für ihre Wurzeln genutzt werden.

Das Entfernen von unerwünschten Pflanzen, sprich Unkraut, wird durch den Mulch, der in einem Waldgarten überall die Erde zudeckt (wie auch im Wald, unserem Vorbild), stark eingedämmt und somit entfällt ein grosser Teil, des lästigen und sehr zeitaufwendigen Jätens.

Schneidet man zum Beispiel Sträucher oder Bäume, kann das Geschnittene einfach verkleinert liegen gelassen werden und zwar an Ort und Stelle. Es wird so zum wertvollen Mulch, sprich Bodenbedeckung.

Das Giessen, ausser bei Neuanpflanzungen, entfällt fast ganz, da die Erde durch Mulch geschützt wird und so wenig Wasser durch Sonneneinstrahlung und Wind verloren geht.

Ein kurzes, unter die Mulchdecke mit den Fingern fühlen, verrät schnell, ob es noch feucht oder zu trocken ist. Oft war ich erstaunt, dass trotz grosser Hitze, die Erde immer noch genügend Feuchtigkeit hatte. Auch für die Natur ist Wasser das kostbarste Gut und sie geht sparsam damit um, indem der Mulch die Feuchtigkeit zurückhält.

Auch die grösseren Steine, die im Waldgarten überall platziert wurden, regulieren auf ihre Weise Feuchtigkeit und Wärme.

Natürlich muss man das Klima und seine Veränderungen beobachten und je nach dem eingreifen. Doch kein Vergleich im Aufwand mit dem ständigen oft täglichen Giessen, wenn keine schützende Bodenbedeckung vorhanden ist. Der Mulch schützt den Boden vor den Einflüssen von Wind, Regen und Sonne.

Der orangene Kürbis wächst unauffällig und ohne viel Aufwand unter den grossen Blättern.

Es gibt mehrere hundert verschiedene Tomatenarten. Oft sind die alten, so wie diese hier, robuster und geschmacksintensiver.

Trauben sind sehr geeignet für den Waldgarten. Sie wachsen in die Höhe und lassen sich gut lenken. Sie verursachen fast keine Arbeit und geben viel Ertrag. Ich verarbeite jedes Jahr die Trauben zu Traubenmarmelade (mit Kernen, die enthalten das verjüngende OPC) und Traubensirup. Meine Nachbarn freuen sich auch immer darüber.

Ein selbstgezogener Apfel schmeckt einfach besser!

Brombeeren, aber auch jede anderer Art von Beeren, wie zum Beispiel Johannisbeeren, Himbeeren, Stachelbeeren passen und gehören in jeden Waldgarten. Bei den Brombeeren muss man darauf achten, dass sie sich nicht zu stark ausbreiten.

6. Planung/Skizzen

Es macht viel Sinn, die Grundstruktur des Waldgartens auf ein Blatt Papier oder in einem Heft aufzuzeichnen, bevor man mit dem Pflanzen anfängt.

Dabei sollten genügend Wege eingezeichnet werden, damit alles einfach zu erreichen ist, zur Pflege oder zur Ernte. Schön ist es, wenn die Wege eher geschwungen sind, nicht gerade, wie auf einem Schachbrett. Auch in der Natur gibt es keine geraden Linien.

Ich entschied mich für eine Mandala Form, das heisst, der Garten hat ein Zentrum in der Mitte und alles ordnet sich um dieses Zentrum.

Wir finden in der Natur überall dieses Mandala Prinzip. Sogar das kleinste Atom und die grössten Galaxien sind nach diesem Prinzip geformt. Dies gibt dem Waldgarten eine gewisse Struktur und verhindert, dass alles einfach nur wild und unüberschaubar wird.

Doch auch dies ist eine rein persönliche Angelegenheit. Jeder nach seinem Gusto.

Skizzen-Beispiel meines Waldgarten-Mandala Gartens:

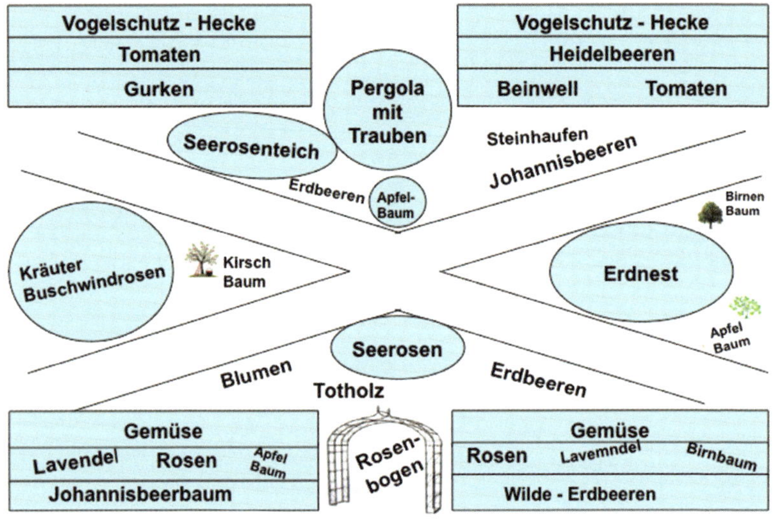

Bei der Einteilung des Gartens, empfehle ich als Richtwert:

1/4 : Kleine Bäume, kletternde Trauben
1/4 : Beerensträucher, Kräuter, Blumen
1/4 : einjähriges Gemüse
1/4 : naturintegrierende Massnahmen, Vogelhecke, Steinhaufen, Totholzecke, Steine

Natürlich gehen, speziell beim Waldgarten, diese Anteile ineinander über und vermischen sich zu einem grossen Ganzen.

Seitenansicht meines Gartens: Man sieht Blumen, kleinstämmige Apfelbäume und Kräuter (Lavendel), welche die Rosen vor Läusen schützen. Alles hat genügend Abstand voneinander, sodass der Lichteinfall noch gewährleistet ist. Dazwischen wachsen auch Erdbeeren und weiter hinten sieht man noch Trauben, die sich der Pergola entlang ranken.

7. Wichtige Elemente naturintegrierender Maßnahmen im Waldgarten

Vielfalt statt Einfalt lautet das Grundprinzip. Je mehr Vielfalt an Pflanzen, Tieren und Steinen es in einem Garten gibt, desto mehr Biodiversität erreicht man. Dies ist eine einfache Gleichung und sollte, als handlungsleitendes Prinzip, beim Gestalten eines Waldgartens dienen.

7.1 Mischkultur

Nicht jede Pflanze lebt gerne neben einer anderen Sorte von Pflanzen. Es gibt Pflanzen, die sich gegenseitig fördern und wiederum andere, die sich im Wachstum hemmen. Ich verweise hier gerne auf entsprechende Fachliteratur, da es den Rahmen dieses Buches sonst sprengen würde. Trotzdem pflanze ich persönlich meist nach meinem Gefühl, das mir sagt, was passen könnte.

Kräuter wachsen gerne in Gemeinschaft. Das dazugelegte Totholz und die Steine sehen dekorativ aus. Sie wachsen unter einem kleinwüchsigen Pflaumenbaum, erhalten aber trotzdem genug Sonne.

7.2 Mulch

Wie schon erwähnt, ist Mulchen mit Heu, Stroh, Laub auf den Beeten und Holzschnitt auf den Wegen im Waldgarten, auf allen Flächen des Gartens sinnvoll. So wird der Boden vor den Einflüssen von Wind, Wasser, Wärme und Kälte geschützt. Gleichzeitig werden die Mikroorganismen und Regenwürmer, welche die Erde bearbeiten, ernährt. Über Winter wird mein Garten mit einer dicken (ca. 5-10 cm) Mulchschicht überzogen. So nutzt man die unproduktive Gartenzeit zur Verbesserung des Bodens und schützt ihn vor Kälte, Wind, Regen und Schneetreiben.

Dies ist die Mulchschicht unter einem kleinwüchsigen Birnbaum, der mir jedes Jahr mehrere Kilo Früchte schenkt. Die Mulchschicht besteht aus trockenem Grasschnitt, Stroh, Laub und Totholz. Je gemischter das Mulchmaterial ist, umso besser. Holzige Pflanzen, brauchen eher gröberes, auch säurebildendes Material, wie zum Beispiel Laub und Holzschnitzel. Gemüse eher trockenen Grasschnitt und nur wenig Laub. Die Regenwürmer lieben den Mulch und ernähren sich davon. In der Nacht ziehen sie das verrottende Material in ihre Kanäle hinunter und verarbeiten es zu wunderbarem stickstoffhaltigem Humus. Die Wurmkanäle werden gerne von Pflanzen für ihre Wurzeln genutzt. So spielt alles schön zusammen. Typisch dafür und auch Ziel des Waldgartens.

Zur Abdeckung von zum Beispiel einer Grasfläche, kann man auch unbedruckten Karton nehmen und eine Lage trockenes Gras (Heu) darauflegen. Dies ist eine einfache, effiziente Methode, um eine Grasfläche für den Gartenanbau nutzbar zu machen. Nach 1-2 Monaten sollte der Boden pflanzbereit sein.

7.3 Wurzeln und Pflanzen stehen lassen

Eine einfache Methode den Boden zu lockern und den Regenwürmern, unseren Freunden, etwas Nahrung zu geben, ist, wenn man zum Beispiel beim Ernten von Gemüsen, Blumen und Kräutern einfach die Wurzeln stehen lässt und sie im Erdreich verrotten lässt oder man lässt sogar die ganze Pflanze stehen, diese liefert dann Nahrung für die Vögel im Winter.

Ringelblume und grüne Jungfer lasse ich teilweise auch über den Winter stehen – zur Freude der Vögel, die im Winter nach Nahrung suchen.

7.4 Hecken

Der Garten kann von starken Winden durch eine Hecke geschützt werden, diese sollte auf mindestens einer Seite des Gartens angelegt werden. Am besten ist natürlich eine ganze Umrahmung durch Hecken. Die Hecken sollten aus einheimischen Sträuchern bestehen und der Vogel- und Insektenwelt eine Lebensgrundlage sein.

Sanddorn: Ihm sieht man das Vitamin C förmlich an. Mit den Sanddornbeeren und Honig kann man einen gesunden Saft herstellen, der das Immunsystem im Winter stärkt. Damit der weibliche Sanddornstrauch Beeren bildet, muss immer eine weibliche und eine männliche Pflanze nebeneinander gesetzt werden, denn er ist zweihäusig.

7.5 Benjeshecke

Hier sehen wir eine Benjeshecke (nach ihrem Erfinder Herrn Benjes benannt): Verschiedene Holzabfälle (Äste, Beerensträucherschnitt, Weiden, usw.) werden aufeinander geschichtet, eingerahmt mit Holzpfählen, sie darf langsam verrotten und ist so eine Lebensgrundlage für viele Kleintiere. Gleichzeitig ist es ein Windschutz und fördert ein ruhiges Mikroklima im Garten. Vor der Hecke wächst ein niederstämmiger Apfelbaum und neben Lauch auch Chicorino Rosso, der ja sehr kälteunempfindlich ist.

Buschwindrosen: Sie blühen im Sommer und bilden später diese Knospen, die man zu Hagebuttenmarmelade verarbeiten kann. Im Winter sind sie auch eine Futterquelle für die Vögel. In eine Hecke integriert, schützen sie auch brütende Vögel vor Katzen.

7.6 Einheimische Pflanzen wählen

Der Natur als Ganzes nützt es viel mehr, wenn wir einheimische Sträucher und Bäume wählen, weil sie eine Lebensgrundlage darstellen, nicht überzüchtete Pflanzen, zum Beispiel aus Asien, auch wenn diese vielleicht originell und schön aussehen. Manchmal ist es gar nicht mehr so einfach dies zu unterscheiden. Zum Beispiel der Schmetterlingsflieder, der aus China/Tibet kommt, wie der Name schon sagt, bietet er Schmetterlingen durch den Nektar Nahrung. Anders als gemeinhin vermutet, hat die Pflanze jedoch keine positive Auswirkung auf die Artenvielfalt und den Bestand von Schmetterlingen. Sie spielt keine Rolle als Futterpflanze für Schmetterlingsraupen und ihr Nektarangebot fällt in eine Zeit, in der das Nahrungsangebot reichlich ist. Eine Anpflanzung im Garten hat jedoch den Effekt, Schmetterlinge aus der Umgebung anzulocken und ermöglicht ein einfaches Beobachten dieser Tiere. (Quelle: Wikipedia)

Königskerze und Nachtkerze. Hier zusammen mit einer Kürbispflanze (Mitte). Sie sind typische einheimische Pflanzen und bieten so unseren Insekten eine Lebensgrundlage.

7.7 Totholz

Totholz bedeutet Holz, welches geschnitten wurde oder abgestorben ist. Sein Verrottungsprozess bildet die Lebensgrundlage vieler Insekten und Mikroorganismen. Es wurden von Biologen mehrere hundert Käfer und sonstige Insekten gefunden, die nur auf Totholz überleben können. Also eine massive Erhöhung der Biodiversität und somit ein wichtiger Beitrag für ein natürliches Gleichgewicht und ein wichtiger Baustein unseres Waldgartens. Auch in einem Naturwald verrottet viel Holz. Seit der Nutzen erwiesen und bekannt geworden ist, sieht man in unseren Wäldern überall Haufen von Totholz.

Totholz gibt dem Garten einen rustikalen, urwaldigen Touch. Natürlich auch Geschmackssache. Mir gefällt es sehr.

7.8 Nist-Nischen

Mit Laub, Totholz aus Sträucherabfällen und gröberem Totholz aufgetürmt in einer Ecke, kann man einfach, einen wunderbaren und wichtigen Rückzugsort für allerlei Getier schaffen: Igel, Blindschleichen, Erdkröten, Frösche und andere Tiere werden es dir danken, da sie so einen geschützten Ort zum Überwintern, bzw. zum Überleben haben.

Ein Platz im Garten der ganz der Natur gehört: Wildpflanzen (Königskerze, Nachtkerze und die blau blühende Wegwarte, die zum Beispiel den Distelfinken im Winter Nahrung bietet), viel Totholz, Stein. Hinten an der Hauswand sieht man sogenannte Insektenhotels, die vielen Insekten, speziell den Wildbienen, eine Nistmöglichkeit bieten und so ihre bedrohte Existenz schützen.

7.9 Vögel ganzjährig füttern

Eine kleine Pergola bietet viele Möglichkeiten: Futterstelle für Wildvögel, Nistkasten und Rank-Hilfe für Reben.

Vögel und ihr Gesang gehören in jeden Wald und demzufolge in jeden Waldgarten.

Auch wenn sie im Garten Nahrung durch die Jagd auf Insekten und durch das Picken von Samen finden, sind unsere Vögel ganz allgemein von Nahrungsmangel bedroht. Der Siedlungsdruck nimmt in der Schweiz und in anderen europäischen Ländern immer mehr zu, folglich verkleinert sich der Lebensraum der Tiere. Deshalb macht es Sinn, die Vögel das ganze Jahr hindurch zu füttern. Siehe auch Buchtipp.

Mit speziellem Futter (Negersamen: sie heissen wirklich so), kann man auch seltenere Vögel, wie Distelfinke (Stiglitze) anlocken und sie so in seinem Garten heimisch machen. Seit einigen Jahren besucht mich jeden Winter eine Schar von Distelfinken (20-30 Stück), die ich mit dem Negersaatsamen füttere.

7.2.1 Blumengründüngung für Insekten

Das Säen von Futterpflanzen, wie zum Beispiel die Phacelia, deren Samen es günstig in jedem Landi-Laden (Schweiz) zu kaufen gibt, zieht viele Bienen, Hummeln sowie auch Schmetterlinge an. Abgesehen davon sind sie sehr schön anzusehen, blühen während der gesamten wärmeren Jahreszeit und lockeren den Boden auf.

Phacelia: Die Königin der Gründüngungspflanzen. Sie blüht das ganze Jahr hindurch, zur Freude vieler Bienen und Hummeln. Deshalb wird sie auch Bienenweide genannt.

Marienkäfer: Man achte auf das Herz bei seiner Zeichnung. Kommen die Marienkäfer, weisst du, du bist auf dem richtigen Weg!

7.2.2 Alle einheimischen Blumen fördern die ortsansässige Insektenwelt

Dies ist blühender Fenchel, zur Freude der Wildbienen. Ich lasse jeweils ein paar Fenchel weiterwachsen und ausblühen. Übrigens zieht dies auch die schönen Schwalbenschwänze an.

7.2.3 Teich

Wenn möglich sollte man, wie klein auch immer, einen kleinen Teich anlegen, zum Beispiel mit Seerosen bepflanzt. Das Element Wasser gehört auch in einen Waldgarten und wird wieder spezielle Tierarten anziehen. Auch gibt es für mich persönlich nichts Schöneres, als eine blühende Seerose, die einen, leicht versteckt, mit ihrer Schönheit überrascht.

Dieser Seerosenteich wurde sogar von Fröschen bewohnt. Leider verschwanden sie so schnell, wie sie gekommen waren. Der Tonfrosch wacht nun über den Teich. Hier habe ich flächendeckende, essbare Waldbeeren gepflanzt. Sie decken und schützen den Boden und verhindern dadurch, dass sich andere unerwünschte Kräuter ausbreiten.

Kurz nach dem Pflanzen begann die Seerose bereits zu blühen – anscheinend wollte sie sehen, wo sie jetzt wohnt. Ich habe in meinem Waldgarten drei kleinere Seerosenteiche.

Seerosen sind sehr pflegeleicht! Giessen überflüssig. Ausser bei sehr grosser Trockenheit.

Ich gebe es ja zu! Der Schönheit und dem Zauber der Seerose bin ich ganz erlegen.

7.2.4 Nistkästen

Das Anbringen von Nistkästen ist ein sehr unterstützender Beitrag, um unsere Vogelwelt zu erhalten. Durch das Ausbauen von Estrichen in Dachwohnungen und dem Fällen von Hochstamm Obstbäumen sind sehr viele Nistmöglichkeiten, in von Menschen besiedelten Gebieten, verloren gegangen. Das Beobachten eines bewohnten Nistkastens erfreut jeden Tierfreund.

7.2.5 Steinhaufen

Kleine und grössere Steinhaufen im Waldgarten helfen wärmesuchenden Kleintieren, wie zum Beispiel kleinen Eidechsen, sich in der Sonne zu wärmen und sich so mit Energie aufzutanken. Auch ist es für sie ein schützender Rückzugsort, wo sie vor Feinden sicher sind.

Steine gehören für mich in jeden Waldgarten: Ob als Beetumrandung oder, wie hier auf dem Bild, als Steinhaufen, der verschiedenen Kleintieren und Insekten eine Rückzugsmöglichkeit bietet. Abgesehen davon finde ich sie sehr dekorativ. Immer wenn ich irgendwo einen schönen Stein sehe, da ich immer wieder auch zu Fuss unterwegs bin, geschieht dies häufig, wandert er in meinen Rucksack und landet schlussendlich in meinem Waldgarten.

Hier habe ich bewusst auch noch Sand neben den Steinhaufen hingestreut: Dies bietet verschiedenen Wildvögeln eine Möglichkeit, ihre Federn zu reinigen und für Schwalben bedeutet es Baumaterial für ihre Nester.

7.2.6 Grössere Steine

Grössere Steine sind nicht nur dekorativ, sondern helfen auch, die Erde im Frühling zu erwärmen und im Sommer die Feuchtigkeit zu regulieren. Auch sind sie Wohnort verschiedener Kleininsekten. Ich habe alle meine Beete mit Natursteinen eingerahmt.

8. Der Waldgarten als Erholungsoase: Die Seele nähren

Der Waldgarten ist nicht nur ein Platz, in welchem Lebensmittel erzeugt werden, sondern auch ein Ort, wo man die Seele baumeln lassen kann und einfach, schon durch das Beobachten der Vielfalt der Pflanzen und Tiere, wieder ein inneres Gleichgewicht erreichen kann. Kein unwichtiger Punkt, in unserer oft hektischen Zeit. Quasi Burn-out Prophylaxe!

Kapuzinerkresse: Die Blumen sind essbar.

Malve: Auch als Tee zu geniessen. Doch bitte ein Bestimmungsbuch zur Hand nehmen.

Ohne Worte

Auch Rosenblätter sind essbar. Aus ihnen lassen sich wunderbare Köstlichkeiten, wie zum Beispiel Rosensirup und Rosenmarmelade machen.

Diese Rose duftet wunderbar! Was ja bekanntlich nicht alle tun. Deshalb beim Kauf darauf achten, wenn man es wünscht und eine duftende Rosensorte wählen.

Wie zart und zerbrechlich diese Rosen wirken. Doch Rosen sind relativ robust und können bis spät in den Herbst hinein blühen. Pflanzt man neben ihnen auch noch Lavendel, hat man keine Probleme mit Läusen.

Iris: Gibt es in ganz verschiedenen Farben. Sie eignen sich hervorragend für den Waldgarten, da sie fast keine Pflege brauchen und relativ robust sind. Ausserdem sind sie eine Augenweide! Das Bild ist nicht von meinem Garten. Es stammt vom botanischen Garten von Madrid.

Alles aus dem Waldgarten, schön dekoriert und alles essbar: Ringelblume (Calendula), Kapuzinerkresse und Borretschblüten sowie grüner Salat.

9. Ruheorte schaffen – am Beispiel Erdnest

Blick aus dem Erdnest – inmitten des Waldgartens

Das Erdnest: Ein Ort, wo man sich ganz umhüllt und geschützt fühlen kann. Auch eine kleine Feuerstelle fehlt nicht. Grosse Steine laden zum Sitzen ein. Ideal auch für Kinder zum Spielen. Das Erdnest fördert so, ganz nebenbei, die Verbindung zur Mutter Natur.Das Anlegen ist einfach: Man gräbt eine runde Vertiefung, zieht einen länglichen Drainage- Kanal aus, ca. 3-5 cm tief, den man dann mit Kies auffüllt, damit sich kein stehendes Wasser sammelt, bedeckt die Vertiefung grosszügig mit Rindenmulch und pflanzt während feuchten Wetterperioden Weidenäste drum herum. Fertig ist das Erdnest à la Waldgarten.

So hat das Erdnest gleich nach der Pflanzung der Weiden ausgesehen. Die Weiden müssen während mehrerer Wochen in feuchter Erde stehen, wegen dem erhöhten Feuchtigkeitsbedarf, der für die Wurzelbildung entscheidend ist. Das bedeutet tägliches giessen und es ist deshalb zu empfehlen, die Neu-Pflanzung eher im Frühling oder im Herbst zu machen, am besten während einer Regenperiode. Die Weiden kommen meist ohne grosse Probleme. Ein etwa 1,5 Meter langer, ca. 2-3 cm dicker Ast, den man von einer bestehenden Weide schief absägen kann (dann lässt er sich einfacher in die Erde führen), bildet schon nach kurzer Zeit Blätter und bald muss man achten, dass er die gewünschte Grösse beibehält. Mit den abgeschnittenen Ästen, kann man flechten oder zum Beispiel auch Beetumrandungen gestalten. Ich habe ganz verschiedene Weidensorten ausgewählt, was die Vielfalt erhöht. Weiden bieten für viele verschiedene Insekten eine Lebendgrundlage und werden deshalb als ökologisch sehr wertvoll eingestuft.

10. Ernte-Dank

Ernte-Dank im Schatten des Erdnestes auf einem Picknick-Stein

Reiche Ernte ohne viel Aufwand:
Johannisbeeren: Rote und schwarze Beeren, Müesli, Dessert
Ringelblume: Für den Salat oder als Tee
Borretschblüten: Als essbare Salatdekoration
Himbeeren: Als Dessert oder für's Müesli
Tomaten: In den Salat oder direkt verspeisen; direkt vom Strauch schmeckt es am besten.

Oft spaziere ich einfach durch meinen Waldgarten und esse verschiedene Menü-Gänge gleich vor Ort oder ich sammle es und bereite es dann zu: Eine runde Sache! Eben wie im Paradies, einfach nur pflücken und sich laben.

Leila war immer eine treue Begleiterin, wenn ich in den Waldgarten ging. Oft spielte sie im Garten und spazierte darin herum. Diese Aufnahme machte ich ein paar Monate vor ihrem Ableben. Sie wurde 14,5 Jahre alt und ich hatte sie mit 9 Wochen zu mir genommen. Sie gehörte einfach zum Garten dazu, deshalb erwähne ich sie auch hier.

Hier wurde das Waldgarten-Prinzip auf kleinstem Raum umgesetzt: In der Mitte wächst ein Apfelbaum, rundherum wachsen Heidelbeeren. Im Frühjahr könnten noch Blumen gepflanzt werden. Dann wären alle drei Ebenen miteinbezogen. Die grösseren Löcher der Backsteine sind mit Holzwolle gefüllt, so finden Tausendfüssler darin Schutz und verspeisen dann hoffentlich die Blattläuse. Es wurde grosszügig gemulcht, also eine holzige Bodenbedeckung angelegt. Aufgepasst, der Giessaufwand bei erhöhten Beeten ist deutlich höher!

Blühender Borretsch ist eine wunderbare Bienenweide. Auch als Salatkraut zu verwenden. Die Blüten sind auch essbar und gut für die Stärkung des Herzens.

Der Zwerg wacht in der Mitte des Waldgartens, neben einem Holzstrunk (Totholz), Natursteinen (Insektenlebensraum) und Lavendel, welcher sehr pflegeleicht ist und fast den ganzen Sommer lang blüht, zur Freude vieler Insekten.

11. Hochbeet

Dies ist ein Hochbeet aus einer alten SBB (Schweizerische Bundesbahnen) Transportkiste. Hochbeete werden mit verschiedenen Materialien gefüllt, wie z.B. Laub, Humus, Erde, Äste, usw., die unterschiedlich schnell verrotten und so immer einen Wärmeprozess auslösen, der das Pflanzenwachstum fördert und so auch nährstoffreichen Humus bildet. Hochbeete sind auch rückenfreundlich und die Schnecken können besser kontrolliert werden. Nachteil ist, dass man mehr giessen muss. Auf dem Bild erkennt man keimende Radieschen.

Grundsätzlich kann man sich auch überlegen, sich aus Zeitgründen nur auf das „einfache" Gemüse zu konzentrieren und das aufwendigere, schneckenanfällige Gemüse dazu zu kaufen. Das wäre manchmal ehrlicher und je nachdem würde man die Freude am Gärtnern nicht so schnell verlieren, als wenn man sich überfordert. Weil die Selbstversorgung durch den eigenen Garten doch ein grosser Aufwand bedeutet, wenn man noch voll im Arbeitsleben integriert ist. Ein Garten soll keinen Stress verursachen, sondern Quelle der Erholung und des Ausgleichs sein.

Calendula (Ringelblume) sind essbare Blüten und verarbeitet zu Ölen oder Salben sind sie sehr heilsam für die Haut. Die Jungfer im Grünen (blaue zarte Blüten, die sich in ein lampion-ähnliches Gehäuse verwandeln, aus dessen Samen der schwarze Kümmel gewonnen wird) dürfen sich in meinem Waldgarten relativ frei ausbreiten. Wird es dann doch einmal zu viel, kann man sie leicht ausreissen, da sie keine weiterwachsenden Wurzeln entwickeln, wie zum Beispiel das lästige Schnürgras. Der rote Sonnenhut ist auch eine Heilpflanze. Aus ihr wird das immunstärkende Echinacin gewonnen. Abgesehen davon ist es auch eine sehr schöne und unkomplizierte Blume.

Der Rosenbogen symbolisiert den Eintritt in eine andere Welt – in die Welt des Waldgartens.

Sogar im Winter wirkt der Waldgarten nicht leer, im Gegensatz zu den ausgeräumten Gemüsegärten der Umgebung, die vielen wildlebenden Tieren keinen Unterschlupf bieten.

Im Waldgarten wird, wenn möglich, jede offene Stelle im Garten mit Mulch bedeckt, so auch die Gehwege. Die offene Erde wird wie eine offene Wunde gesehen. Sie muss zugedeckt werden, um sie vor Wind, Regen und Sonne zu schützen. Auf dem Bild diesmal mit Holzschnitzel und Rindenmulch. Auf diesen Beeten wird Gemüse angebaut: Tomaten in Mischkultur mit Lauch. Nebenan wächst noch eine grosse Beinwellpflanze und Gurken. In einem Hügelbeet sind Heidelbeeren angepflanzt.

12. Spezielle Herausforderungen

12.1 Wildwucherndes unerwünschtes Kraut

Es ist wichtig, die Unterscheidung von problematischen Pflanzen und unproblematischen zu machen: Pflanzen, die sich nicht über Wurzeln vermehren, sind eher unproblematisch, solche, die sich über das Wurzelwerk vermehren, können zu einer Plage werden, wie zum Beispiel das Schnürgras. Die unproblematischen Pflanzen, wie zum Beispiel Ringelblume, Borretsch dämme ich nur beschränkt ein, da ich mich an der Blütenpracht nicht satt sehen kann und sie sich von alleine vermehren, sodass ich keinen Aufwand mit ihnen habe.

Eine geeignete Massnahme, unerwünschte Pflanzen einzudämmen, ist, wenn man die Erdoberfläche ständig mit einer Mulchschicht aus Gras, Stroh, Karton bedeckt.

Natürlich muss man auch im Waldgarten ab und zu unerwünschte Pflanzen entfernen, damit sie sich nicht allzu stark vermehren.

Bei Beeren macht Rindenmulch, also eher holziger Mulch, Sinn, da Beeren und Fruchtbäume eher sauren Boden mögen. Bei Gemüse empfiehlt sich eher leichterer Mulch, wie zum Beispiel trockener Grasschnitt, wenig Stroh, Laub.

12.2 Schnecken

Ob Oekogärtner oder konventioneller Gärtner, alle stehen, je nach Witterungsverhältnissen, vor der gleichen Herausforderung, sich mit den Schnecken und ihrer Fresserei auseinanderzusetzen.

Es gibt kein 100% wirksames Patentrezept, doch einige wirksame Methoden, die das Problem eindämmen können.

Das natürliche Gleichgewicht ist nicht mehr da, viele natürliche Feinde der Schnecken sind verschwunden oder einfach zu wenige. Auch ist die spanische Nacktschnecke vor Jahrzehnten eingeschleppt worden und hat hier zu wenige Gegenspieler, um ein natürliches Gleichgewicht zu finden.

Es sind ja nicht alle Pflanzen von den Schnecken gleich betroffen. Natürlich ist der Salat am anfälligsten auf den Schneckenfrass. Man könnte sich überlegen, ob er so stark überzüchtet ist, dass ihn die Schnecken als krank, ungesund erkennen und sich deshalb auf ihn stürzen? Es ist ja die Hauptaufgabe der Schnecken, Verrottendes zu fressen und es so schneller zu nutzbarem Kompost zu verwerten, welchen dann die Erde gut nutzen kann. Den benachbarten Löwenzahn lassen sie bereitwillig stehen, da er ja noch genügend, übrigens gesunde, Bitterstoffe aufweist. Doch das nur nebenbei.

Eine Möglichkeit wäre, ein oder mehrere Beete mit einem Schneckenzaun zu umrahmen und nur dort die heiklen Pflanzen, welche die Schnecken-Armee gerne auffrisst, zu pflanzen.

Den ganzen Garten damit einzuzäunen, entspricht nicht dem Prinzip des Waldgartens, der ja auf Vielfalt der verschiedenen Pflanzen und Tiere setzt und seine Grenzen durchlässig halten will.

Ich lasse grundsätzlich meine Setzlinge so lange nachwachsen, bis sie eine gewisse Grösse haben und setze sie erst dann.

Auch pflanze ich sie meist mit einem runden Mini-Schneckenzaun, der doch die meisten Schnecken fernhält, sofern man auch darauf achtet, dass es keine Gräser gibt, die über den Mini-Schneckenzaum hängen und so eine Brücke für die Schnecken darstellen. Sie kennen keine Scham dies auch auszunutzen.

Seit ein paar Jahren gibt es auch Bio-Schneckenkörner, die auch vom Biolandbau anerkannt werden. Erhältlich in allen Fachgeschäften.

Der Vorteil dieser Körner ist, dass die Schnecken sich zum Sterben in ein Loch zurückziehen und so keine Kadaver, welche wiederum weitere Schnecken anziehen, hinterlassen. Schnecken essen auch Ihresgleichen auf, sofern diese tot sind. Die Substanz dieser Schneckenkörner gelangt ausserdem als natürlicher Dünger in den Boden.

Die regulären Schneckenkörner sind problematisch, obwohl sie neuerdings von Igeln und anderen Tieren, wegen eines zusätzlichen Duftstoffes, gemieden werden. Jedoch, wenn tote Schnecken von Tieren, zum Beispiel von einem Igel, gegessen werden, stirbt der Igel oder auch andere Tiere und Haustiere, eines qualvollen Todes. Und ich denke, dass dieses Gift auch für den Menschen, wenn es in die Nahrungskette gelangt, nicht sehr gesund ist.

Grundsätzlich sollte man eher in trockenen Zeiten pflanzen und nicht gerade während einer Regenperiode.

Schnecken kann man auch einsammeln, zum Beispiel mit einem Holzbrett eine Falle stellen und das Brett nach ein paar Tagen umdrehen, garantiert wird es dort ein paar Schnecken haben, die man weit wegtragen kann, zum Beispiel in einen fernen Wald. Schnecken können sehr weite Strecken zurücklegen und so zurückkehren. Oder die Schnecken töten, indem man sie in einen Teich oder Weiher wirft, wo sie dann als Fischfutter dienen. Oder sie gleich an Ort und Stelle tötet, wie auch immer. Natürlich ist die schnellstmögliche Variante vorzuziehen. Ich persönlich schaffe das nicht, und ziehe, falls nötig, die Schneckenkörner Variante vor.

Das Töten im Garten ist überhaupt ein ethisch-moralisches Thema, seien es nun Schnecken oder andere kriechende Lebewesen, die Schaden anrichten. Jeder muss für sich selbst entscheiden und es verantworten.

Schaut man aber in den Kreislauf der Natur, ist da ein ständiges Werden und Vergehen, das Sterben gehört einfach dazu. Es scheint, ohne Tod gibt es kein funktionierendes Leben.

Die Wahl der Gemüse spielt eine wichtige Rolle, will man nicht allzu grosse Probleme mit den Schnecken haben. Der Krautstiel ist ein sehr unkompliziertes, pflegeleichtes Gemüse und nahezu schneckenresistent.

Hat der Zucchetti mal eine gewisse Grösse, können ihm die Schnecken nicht mehr viel antun. Wie überall im Waldgarten sollte eine Mulchschicht da sein, wie hier sichtbar. Anfangs schütze ich die meisten Jungpflanzen mit einem Mini-Schnecken Zaun, wie hier im Bild (grün) sichtbar. Erhältlich in allen Garten-Centern.

13. Die Baumschere statt Stechgabel

Da das Umgraben im Waldgarten ja wegfällt, das erledigen die mit Mulch gefütterten Regenwürmer, ist das Schneiden der Äste die grösste, zeitaufwendigste Arbeit im Waldgarten. Jedoch fällt es pro Baum und Strauch nur einmal im Jahr an. Ausser bei der Weide, diese muss regelmässig geschnitten und zurückgestutzt werden. Mit den Weidenästen kann man Körbe flechten oder Beetumrandungen. Hier sind die Weiden auf dem Bild sichtbar, inklusive meiner Hündin Leila, die den Schatten im Erdnest geniesst.

Die Baumschere ist das wichtigste Instrument des Waldgärtners: Das abgeschnittene Gehölz, je nach dem verkleinert, kann einfach an Ort und Stelle liegen gelassen werden und bildet so eine Mulchschicht. Mit der Baumschere wird der Waldgarten auch in seinen Grenzen gehalten, was sehr wichtig ist.

Die Stechgabel wird eigentlich nicht gebraucht, da das Lockern der Erde die von uns reichlich gefütterten Regenwürmer (unsere wichtigsten Mitarbeiter) übernehmen. Nebenbei düngen sie mit ihrem Kot die Erde und bilden kleine Tunnel, wo die Pflanzen wieder ihre Wurzeln ausbreiten können. Das Umgraben mit der Stechgabel, hat den grossen Nachteil, (abgesehen davon, dass es sehr anstrengend ist), dass die natürlichen entwickelten Schichten des Bodens total durcheinander gebracht werden und der Boden, bzw. seine entsprechenden Schichten, einige Zeit brauchen, bis sie wieder in der natürlichen Reihenfolge sind.

Will man den Boden trotzdem lockern, kann man mit der Stechgabel, senkrecht in die Erde stechen und die Gabel leicht hin und her bewegen. Damit bringt man mehr Luft und Raum nach unten und die Erdmasse ist nicht mehr so dicht. Dies bedeutet für die Pflanzenwurzeln, dass sie sich einfacher ausbreiten können, was sich wiederum positiv für das Pflanzenwachstum grundsätzlich auswirkt.

Da sich das Waldgarten-Prinzip soweit es geht an seinem Vorbild, dem naturnahen, organisch gewachsenen Wald orientiert, ist es klar, dass in einem Wald keine Erde willkürlich umgeschichtet wird, somit auch nicht in einem Waldgarten. Die Lockerung des Bodens bewirken die vielen Millionen Mikroorganismen und natürlich auch die vielen verschiedenen Würmer und Käfer. Sie übernehmen die ganze Arbeit.

14. Der Waldgarten fördert die heimische Natur

Der Waldgarten leistet einen wichtigen Beitrag zur Biodiversität und gleichzeitig liefert er auch wertvolle, lebendige Mittel zum Leben (Lebensmittel), die der Wildpflanze nahe stehen, da sie ähnlich wie die Wildpflanzen leben und wachsen.

Wie in einem richtigen Wald, beginnen sich, in einem naturintegrierenden Garten, von selbst verschiedene Pflanzen anzusiedeln. Dies ist ein gutes Zeichen – man ist auf dem richtigen Weg. Da die Vielfalt der wichtigste Aspekt des Waldgartens ist. Oft riecht es in meinem Waldgarten nach Wald – dieser feuchte, satte Geruch, der vom Verrottungsprozess des Mulches stammt. Konkret bedeutet das, dass Millionen von Kleinstorganismen Laub, Gras, Totholz in nährstoffreichen Humus umwandeln.

Natürlich sind wildwachsende Pilze im Waldgarten nicht für den Verzehr gedacht. Man kann sich auch so an ihnen erfreuen und am Beweis, dass sich die Biodiversität anfängt auszubreiten. Es zeigt auch, das Pilzzucht im Waldgarten möglich wäre. Shiitake sind zum Beispiel wunderbare Esspilze, deren Anbau auf, mit den Pilzsporen geimpftem Holz, möglich ist.

15. Mikroklima

Dies ist eine Vogelschutzhecke, das heisst die Sträucher wurden so ausgewählt, dass sie den einheimischen Vögeln nützen. Wie zum Beispiel der Sanddorn hier im Bild. Gleichzeitig schützt die Hecke den Garten vor starken Winden und stabilisiert so das Mikroklima im Garten, was wiederum das Wachstum der Pflanzen fördert.

Das Mikroklima in einem Waldgarten ist ein ganz besonderes. Abgeschirmt durch die Hecken fegt kein Wind über die Pflanzen und es kann ein ruhiges Mikroklima, mit allen wichtigen Gasen, entstehen. Durch die Beruhigung innerhalb des Gartens, welche durch die verschiedenhohen Pflanzen entsteht, kann sich eine ganz besondere Atmosphäre entwickeln, in welcher sich Pflanzen geschützt und wohl fühlen können.

Die Pflanzen ernähren sich auch über verschiedene Gase in der Luft und bei einem Mikroklima ist das einfacher möglich.

16. Beete kreativ und naturnah angelegt

Diese Beete sind im gegenüberliegenden Garten angelegt. Jedes der Beete wurde einzeln gestaltet, jedoch nicht konsequent nach dem Waldgarten-Prinzip. Trotzdem sind sie gemulcht, es wurde Totholz und grosse Steine für die Umrandung verwendet, jedoch fehlen die zweite und die dritte Ebene bei der Bepflanzung. Kreativität in der Umsetzung der Gartenideen ist mir wichtig, da ich denke, die Natur ist ja auch sehr kreativ und es wirkt so natürlicher.

Ein Schlüsselbeet hat verschiedene Vorteile. Es nutzt den Platz optimal aus und man kann die meisten Pflanzen gut erreichen. Die grünen Hüte um die Pflanzen sind kleine Schneckenzäune, zum Schutz der Setzlinge. Aber Achtung! Es dürfen keine Gräser darüber hängen, weil sie sonst eine Brücke für die Schnecken darstellen. Das Bild ist vom gegenüberliegenden Garten, den ich zusammen mit meinem Freund bewirtschafte.

Im Waldgarten begegnen dem Besucher oder Gärtner immer wieder Blumen, je nach Geschmack und Vorlieben des Waldgärtners.

Auch Hügelbeete lassen sich gut in den Waldgarten integrieren. Hügelbeete sind ähnlich wie Hochbeete, gefüllt mit verschiedenen kompostierbaren Materialien. Zuerst wurde eine Vertiefung ausgehoben, diese wurde dann aufgefüllt und am Schluss mit Erde zugedeckt. Das Material können Äste, Laub, ganze Holzteile sein.

Blühen und Vergehen gehören zum Kreislauf des Lebens, zum Kreislauf eines jeden Gartens.

Diese wunderbaren Königskerzen haben sich quasi selber in den Waldgarten eingeladen und sich selbst gepflanzt.

Erdbeeren passen wunderbar unter ein Apfelbäumchen. Nicht sichtbar sind die Johannisbeersträucher, welche gleich nebenan wachsen. Das heisst, alle drei Ebenen sind vertreten, was genau dem Waldgarten-Prinzip entspricht.

17. Düngen

Indem man die Erde von Witterungseinflüssen schützt (siehe Mulchen), muss man eigentlich fast nicht mehr düngen. Man könnte den Mulch auch als Flächenkompost verstehen.

Will man trotzdem die Erde etwas aufpeppen, kann man unter anderem mit Brennnesseljauche, angemacht mit einem Kilo frischer Brennnessel oder gekaufter, getrockneter Brennnessel. Sie muss einige Wochen stehen und ziehen, bis man sie brauchen kann. Natürlich wird sie nur verdünnt, ca. 1:10 auf das Erdreich gegossen.

Ebenso wird der verdünnte menschliche Urin immer populärer, da sich dieser bei Tests nachweislich als sehr wachstumsfördernd erwiesen hat. Man kann ihn einfach in Petflaschen oder ähnlichem sammeln und verdünnt (Verhältnis ca. 1:7) direkt auf das Erdreich zu den Pflanzen giessen. Es gibt Wissenschaftler, die behaupten, dass wir gar keinen Kunstdünger mehr benötigen würden, wenn wir unseren menschlichen Urin zu diesem Zwecke sammelten und nutzten. Sie bezeichnen diesen auch als Gold, dass man verschwendet. Oekologisch betrachtet wäre dies überaus sinnvoll, nur schon wegen der Wasserersparnis und dem Wegfallen von anderem Dünger, welcher auch noch klimaschädlichen Transport verursacht. In England wird er genau aus diesen Gründen bereits kommerziell vermarktet. Siehe Bücherempfehlungen.

Das freut das Auge des Gärtners: Gesundes, selbstgezogenes, in Mischkultur wachsendes Gemüse. Am äusseren Rand des Kreisbeetes wachsen Phacelia. Diese ziehen allerlei Insekten an, welche wiederum für den Garten allgemein nützlich sind, weil sie andere Insekten in Schach halten. So schliesst sich der Kreislauf.

18. Der Wald als Erholungsort

Schon seit Urzeiten haben sich die Menschen in parkähnlichen Gärten, die den Wald imitieren oder direkt im Wald erholt. Weshalb nicht diesen Aspekt des Waldes in seinen eigenen Garten mittels Waldgarten-Prinzip miteinbeziehen und so den Erholungseffekt des Waldes erreichen? Im eigenen Garten? Denn der Waldgarten symbolisiert eine vollkommene, harmonische Welt und vermittelt so ein Gefühl von Ganzheit und ist somit heilsam für Körper und Seele

Interessanterweise wird das Waldgarten-Prinzip oft z.B. in botanischen Gärten angewandt: Es wird auf mehreren Ebenen angepflanzt, das heisst die Ebenen werden miteinander verwoben, wie hier im botanischen Garten von Madrid, wo sogar Gemüse angebaut wurde. Der botanische Garten liegt gleich neben dem 1,4 km^2 grossen „Parc de Buen Retiro". Meiner Meinung nach einer der schönsten Parks überhaupt. Beide ein Muss für jeden Gartenfreund.

Wasser, als Teich oder sogar wie hier, als Wasserspiel, gibt dem Waldgarten auch das Flair einer Erholungsoase (man achte auf das Herz, das sich durch den Schatten und den Wasserstrahl herausgebildet hat). Wasser symbolisiert Gefühle und die Seele des Gartens, die Tiefe, das was unter der Oberfläche auch noch da ist.

Eine ganz besondere Art von Waldgarten: Die hängenden Gärten beim „Caixa Forum" in Madrid. Es beweist: Gartenkunst und Kreativität kennen keine Grenzen. Wenn man davor steht, denkt man immer wieder: Wie ist das möglich? Und dies mitten in der Grossstadt. Das Grün der Pflanzen hat durch die Vertikalität eine ungeheure Wucht.

19. Die Pünt

Eine der zahlreichen Winterthurer Püntensiedlungen – das Beispiel hier, zeigt den gegenüber meinem Waldgarten liegenden Garten, den ich auch mithelfe zu bepflanzen. Hier sieht man den Naturgartenbereich hinten mit viel Totholz, grossen Steinen und verschiedenen Wildblumen. Überall sind auch Phacelia angepflanzt (die grünen, filigranen Pflanzen) zur Freude der Bienen und Hummeln und sicher auch zur Freude des Betrachters.

Wir in Winterthur nennen die Familiengärten, die Schrebergärten, liebevoll: Pünten. Es ist gar nicht so einfach herauszufinden woher das Wort stammt. Im Lexikon der Flurnamen bin ich fündig geworden:

Im Lexikon der Flurnamen kann man zu diesem Begriff folgendes nachlesen: Das Wort Bünt stammt vom althochdeutschen Wort »biunde« oder »biunte«, das im Mittelalter noch gleich geschrieben wurde und das eingezäunte Land beim Dorf benannte.

Der Begriff Pünten wird nur noch in Winterthur verwendet und gilt so als typisches Winterthurer Dialektwort. Die einen sagen sogar, dass das ein Hinweis sei, dass wir keine Zürcher sondern eben Winterthurer sind, weil schon der Stadt-Zürcher dieses Wort nicht mehr versteht.

In einer Winterthurer Stadtzeitung gibt es sogar eine Rubrik: Kurz und püntig, in welcher jede Woche, während der Gartenzeit, Interessantes aus der Püntenwelt zu lesen ist. Ich habe es auch schon geschafft, darin erwähnt zu werden; nicht ohne Stolz erwähne ich das.

Und als im Jahr 2011 die Stadt eine neue Püntenregelung verabschiedete, die die „Püntiker“ an die kurze Leine nehmen wollte, ging, nach der Ruhe vor dem Sturm, ein Schrei der Empörung durch die Leserbriefseiten der Winterthurer Zeitungen. Man wollte nicht hinnehmen, dass an einem der letzten Orte, wo noch ein bisschen Freiheit für den kleinen Mann und die kleine Frau zu existieren schien, der Staat unverhältnismässig regulieren wollte.

In der neuen Verordnung ging es unter anderem darum, das einheitliche Farben der Püntenhäuschen vorgeschrieben würden, oder die Pergola keinen Zentimeter breiter als das Häuschen sein dürfte. Alles, was nicht ins neue Gesetz passte, hätte wieder angepasst werden müssen. Davon wäre ca. 1/3 der Pünten betroffen gewesen. Auf den Druck der „Püntiker" und aufgrund der grossen Solidarität der Winterthurer Bevölkerung, musste das Gesetz zurückgenommen und nochmals neu überarbeitet werden.

Dass das Amt, welches zuständig für die Pünten ist, genau von der Vertreterin einer Partei geführt wurde, die sich, als einen Parteiprogrammpunkt, dem Kampf gegen unnötige Bürokratie verschrieben hatte, sei nur am Rande bemerkt und soll als Anekdote, die das „Pünten"-Leben schrieb, verstanden werden.

Ja, die „Püntiker" lassen sich ihre kleinen Paradiese, die sie wahrlich sind und damit ihr multikulturelles, soziales, friedliches Leben nicht so einfach wegnehmen.

Die Moral von der Geschicht: Der „Püntiker" ist von Natur aus ein friedlicher Mensch, kompromissbereit mit seinen Nachbarn, sonst würde ein Zusammenleben gar nicht gehen.

Doch will man ihm sein kleines Paradies streitig machen, kann er seine Zähne zeigen und das ist auch gut so. Bei den Galliern war es nicht anders.

20. Nachwort

Viele Menschen suchen in weiter Ferne paradiesisch schöne Orte auf, um sich zu erholen.

Wir leben in einem der schönsten Gebiete der Welt, dessen Vielfalt einzigartig ist: Berge, Seen, grosse Flüsse und weitläufige Mischwälder mit einer immer noch vielfältigen Tierwelt.

Trotzdem scheint etwas nicht mehr ganz im Lot. Die Zivilisation hat ihre Spuren hinterlassen. Gerade in den städtischen Gebieten, aber auch in der Monokultur Landwirtschaft, ist die Biodiversität bedroht. Die Natur scheint nicht mehr richtig ineinander zu greifen. Der ökologische Kreislauf ist nicht mehr ganz geschlossen und die Wildheit der Natur eingeschränkt. Überall wird gebaut oder aufgeräumt. Es scheint ordentlich und sauber, doch der Schein trügt.

Diese Art von Ordnung untergräbt die Lebensgrundlage von vielen Klein- und Grosstieren. Die Folge ist eine immer eintöniger werdende Umwelt.

Viele Menschen sehnen sich aber wieder nach einer intakten und naturharmonischen Natur und sind auch bereit, etwas der Natur zurückzugeben und nicht nur zu nehmen, wie es immer mehr mit den konventionellen Anbaumethoden geschieht. Der Mensch lebt nicht vom Brot alleine, dies gilt auch für den Gartenanbau.

Und in diesem Bedürfnis nach einer ganzen, runden Sache, setzt das Waldgarten-Prinzip ein und hofft dabei insgeheim, dass sich die Menschen wieder ihr eigenes Paradies „hier“ erschaffen und dies nicht mehr in weiter Ferne suchen müssen.

Denn genau mit dieser Suche gefährden wir die letzten noch bestehenden Paradiese der Welt.

Das Waldgarten-Prinzip will Menschen darin unterstützen, kleine geschlossene Naturkreisläufe selber, zusammen mit der einheimischen Natur, auch in dichtbesiedelten Gebieten zu erschaffen. Ob das nun grosse oder kleine Gärten sind, spielt keine Rolle.

Der Waldgarten vermittelt ein einfaches, von der Natur abgeschautes, jahrtausendaltes Prinzip, von sich gegenseitig unterstützenden Elementen, die zusammen ein „Ganzes Grosses" bilden: Eben einen Wald.

Und dieses Waldgarten-Prinzip ist so einfach, dass es jeder nachvollziehen und umsetzen kann. Dies zum Wohle der Menschen und der Natur, die sich freut, wieder neue Lebensräume erhalten zu haben.

So ist endlich wieder ein friedliches Miteinander mit allen Aspekten der Natur und des Menschen möglich.

Bist du dabei?

Wohin der Weg führt – entscheiden wir als Menschen selber – ist der Weg grün umrandet – können wir Hoffnung schöpfen – für uns und die gesamte Natur. Nicht umsonst gilt die Farbe Grün als Farbe der Hoffnung, aber auch des Herzens

21. Bücherempfehlungen:

Das grosse Handbuch Waldgarten
von Patrick Whitefield
Olv Verlag, ISBN 978-3-922201250

Dies ist das einzige, deutschsprachige Buch zum Thema Waldgarten. Patrick Whitefield ist ein Pionier auf diesem Gebiet und auch ein Permakultur Lehrer. Das Buch ist A4 Format und sehr umfangreich. Es hat einen hohen ökologischen Anspruch. Es ist ein wertvolles Buch zum Thema und für mich ein Ansporn etwas einfacheres zu schreiben und so das Waldgarten-Prinzip den Menschen näher zu bringen und sie dazu zu inspirieren. Das Waldgarten-Prinzip hat nach meiner Meinung eine grosse Zukunft, da es dem Zeitgeist entspricht und der heimischen Natur ein zu Hause bietet und so zur Biodiversität unserer besiedelten Zonen beiträgt

Sepp Holzers Permakultur
von Sepp Holzer
Leopold Stocker Verlag, ISBN 978-3-7020-1037-9

Dieses Buch kann man getrost als Standardwerk von Sepp Holzer betrachten. Es deckt jeden Bereich ab. Vom Obstbau bis zur Pilzzucht. Vom Hügelbeet bis zu Tierhaltung.

Wüste oder Paradies?
von Sepp Holzer
Leopold Stocker Verlag, ISBN 978-3-7020-1324-0

Dieses Buch beschäftigt sich vor allem mit der Aqua-Kultur und der Renaturierung bedrohter Landschaften am Beispiel erfolgreicher Projekter, wie zum Beispiel jenes in Tamera, Portugal, wo mehrere Seen angelegt wurden, um den Regen, der im Winter reichlich fällt, zu „ernten".

Permakultur für alle
von Sepp und Margrit Brunner
Loewenzahn Verlag, ISBN 978-3-7066-2394-0

Wunderschön gestaltetes Buch. Speziell für Menschen, die sich neu mit Permakultur beschäftigen, ein sehr geeignetes Buch. Die Methoden der Permakultur werden einfach dargestellt und erklärt. Auch für den Kleingärtner geeignet.

Mein Garten lebt
von Peter Himmelhuber
Ökobuch, ISBN 978-3-936896-56-5

Ein sehr inspirierendes Buch, wie man mit einfachen Mitteln, den eigenen Garten tierfreundlicher gestalten kann und so der heimischen Natur ein zu Hause bieten kann.

Anders Gärtnern – Permakultur- Elemente im Hausgarten
von Margrit Rusch
Oekobuch, ISBN 978-3-936896-52-7

Dieses Buch eröffnet eine unkonventionelle Sichtweise auf den Hausgarten und ist vollgespickt mit vielen originellen Ideen, die hübsch und kreativ aussehen und der heimischen Natur helfen.

Auf gute Nachbarschaft: Mischkultur im Garten. Gemüse - Kräuter - Zierpflanzen
Nathalie Fassmann
Pala Verlag, ISBN 978-3895662577

Ein Buch das neben der Mischkultur auch verschiedene Beetformen behandelt, wie zum Beispiel das Kraterbeet.

Vögel füttern - aber richtig
von Peter Berthold
Kosmos Verlag, ISBN 978-3-440-11644-9

Ein neuzeitliches Vogelfütterungsbuch, das mit dem alten Zopf, der ausschliesslichen Winterfütterung aufräumt und das neue Zeitalter der Ganzjahresfütterung einläutet, wie sie zum Beispiel in England seit Jahrzehnten mit Erfolg praktiziert wird. Das Buch ist schon über 100.000 mal verkauft worden und kann als Bestseller bezeichnet werden. Ein Muss für jeden Vogelfreund.

Spirituelles Gärtnern
von Silvio Waser
OneSpirit Verlag, ISBN 978-3-9522757-3-3

Das erste Gartenbuch, das sich vorwiegend mit der feinstofflichen Seite des Gärtnerns beschäftigt und dies in ganz einfacher, nachvollziehbarer Art und Weise beschreibt.

Die darin beschriebenen Methoden sind meistens neu und in keinem anderem Buch festgehalten.

Guerilla Gardening
von Richard Reynolds,
Orange Press, ISBN 978-3-936086-44-7

Für alle die, die keinen eigenen Garten besitzen und die den Gartenbegriff nicht so eng sehen.

Der Garten, Anstiftung zur Selbstversorgung
von Shankara,
Packpapier Verlag, ISBN 978-3-931504-15-1

Handgeschriebenes kleines Buch aus scheinbar längst vergangenen Hippiezeiten. Sehr kompetent und praxisorientiert.

Liquid Gold, The Lore and Logic of Using Urine to Grow Plants
von Carol Steinfeld,
GreenBooks, ISBN 978-1-903998-48-9

Leider nur auf Englisch erhältlich. Zeigt auf wie ökologisch sinnvoll und nützlich menschlicher Urin für den Garten sein kann.

Insektenhotel
von W. Günzel,
Pala Verlag, ISBN 978-3-89566-234-8

Kompetente Anleitung und Hintergrund, weshalb es so wichtig ist den Wildbienen und anderen Insekten ein Zuhause zu ermöglichen.

DVD`s

Es gibt leider auf Deutsch noch keine DVD`s zum Thema Waldgarten. Auf Englisch hingegen sogar mehrere. Der Film von Robert Hart, dem „Vater" des europäischen Waldgartens.

Oder Food Forest vom australischen Permakultur Lehrer und langjährigen Aktivisten Geoff Lawton, der schon Wüsten mit Permakultur zum Blühen gebracht hatte. Oder auch „A Forest Garden Year" von Martin Crawford. Jeder Film beschreibt einen speziellen Ansatz der Waldgartenpraxis.

Ein englischer Oekobuchversand hat diverse DVD`s im Vertrieb, einfach und schnell zu bestellen. Dank dem tiefen Pfundkurs auch sehr kostengünstig. Sie haben aber auch einige sehr interessante DVD`s zum Thema Permakultur, wie zum Beispiel vom effektiven Begründer Bill Mollison, mit dem wunderbaren Film „The Global Gardener". Der Versand gibt auch die englische „Permaculture Zeitung" heraus. Natürlich findet man auch auf www.youtube.com einiges.

Hier die Homepage: http://www.green-shopping.co.uk/

In England, dem Land der Gärten, ist Permakultur mit vielen Initiativen vertreten, wen wundert es. Von hier kommt auch die jetzt weltweit aktive „Transition Town" Bewegung, die versucht, einen ganzheitlichen Ansatz von Permakultur auf das gesellschaftliche Zusammenleben zu übertragen, um so, selbstverantwortlich, Oekologie in die eigenen Hände zu nehmen.

22. Autor

Silvio Waser beschäftigt sich schon seit jungen Jahren mit dem Thema „naturverbundenes Gärtnern". Sein ursprünglicher Wunsch, Bauer zu werden, erfüllte sich nicht. Nach einem Praktikum auf einem biodynamischen Bauernhof, entschied er sich einen anderen Weg zu gehen, da die Alltagsrealität doch etwas anstrengender war, als er vermutet hatte. Er eröffnete stattdessen einen der ersten Bio-Läden in der Schweiz, das Mandala in Schaffhausen und bewirtschaftete nebenbei immer eigene Hobby-Haus-Bio-Gärten.

Aber auch theoretisch vertiefte er sich in die verschiedensten Gartenanbaurichtungen, wie zum Beispiel dem Natural Gardening von Fukoka oder der zurzeit sehr aktuellen Permakultur. Auch besuchte er die bekannten Findhorn Gardens in Schottland, die auf ihn sehr inspirierend wirkten, da sie sehr kreativ mit dem Gärtnern umgingen und andere Wege beschritten. Aber auch sein Aufenthalt in Kalifornien, wo er ein paar Jahre verbrachte, wirkte auf ihn bewusstseinserweiternd. Das heisst konkret; man muss nicht immer die alten Wege gehen, sondern spannend kann es sein neue Wege zu suchen und zu beschreiten.

Es war ihm immer ein grosses Anliegen, die Natur miteinzubeziehen und so neue Lebensmöglichkeiten für die einheimische Natur zu schaffen.

Das Waldgarten-Prinzip kann als optimales Fazit seiner gemachten Garten-Erfahrungen gesehen werden. Da es aber ein flexibles und lebendiges Prinzip ist, wird es immer weiter entwickelt und verbessert, hoffentlich nun auch von anderen Gärtnern.

Für Rückmeldungen mit dem Waldgarten-Prinzip gemachten Erfahrung ist der Autor dankbar: **Wabi2017@bluewin.ch**

Wildkräuter einfach & lecker

Unkraut satt für jedermann

Andrea Kurtz

180 S., gebunden

ISBN: 978-3-944615-20-2 23,50 €

Was bisher allgemein als Unkraut ungeliebt und vernichtet wurde, können Sie jetzt mit diesem Buch zu leckeren Köstlichkeiten verarbeiten. Zaubern Sie dank essbarer Wildpflanzen und Blüten außergewöhnliche Gerichte, die sich im wahrsten Sinne des Wortes »sehen« lassen können. Eine bunte, energiegeladene Mischung: vegan, vegetarisch oder mit Fleisch.

Die Heilpflanzen-Apotheke

einfach und wirksam

Andrea Kurtz

136 S., m.v. Farb. Abb., kartoniert m. Klappen

ISBN: 978-3-906873-01-5 16,90 €

Wenn Sie gerne über den Tellerrand schauen und an natürlichen Alternativen in Sachen Gesundheit interessiert sind, finden Sie über das Buch der Wildkräuterexpertin Andrea Kurtz einen leichten Zugang und Einstieg zu den fast vergessenen Heilpflanzen in Ihrem Umfeld.

Das Saisongarten-Kochbuch

Herausgeber: Marianne Kissel-Lesser, Werner Lesser, Dorothee und Klaus North

232 S., m.v. farb. Abb., gebunden

ISBN: 978-3-939272-63-2 20,00 €

In diesem Kochbuch spielt das frische Gemüse die Hauptrolle. Mehr als 100 Rezepte für mehr als 30 Gemüsesorten bieten eine große Genuss-Vielfalt für alle Geschmäcker. Auch Vegetarier und Veganer werden hier fündig. Einfache, schmackhafte und gesunde Zubereitungsarten zeigen, wie man aus selbst angebauten Feldfrüchten köstliche Gerichte zaubert. Eine Gliederung nach Speisearten und Saisonzeiten erleichtert die Übersicht.

Spirituelles Gärtnern

Wie man mit Paradies-Gärten die Erde heilen kann

Silvio Waser

94 S., m.v. Abb., durchg. farb., gebunden

ISBN: 978-3-952275-73-3 19,80 €

Die revolutionäre Erkenntnis: Gärten sind weit mehr als nützliche Lieferanten von Gemüse und Obst! Jenseits der sichtbaren Welt existiert darüber hinaus eine geistig-feinstoffliche Ebene. Dieses Buch hebt sich grundlegend von der Masse an gewöhnlichen Garten-Ratgebern ab und öffnet für den Leser das Tor zum mystischen Naturreich, dem Reich der Elfen und Gnome.

Lexikon der Pflanzensymbolik

Clemens Zerling

340 S. m. zahlr. farb. Abb., gebunden

ISBN: 978-3-939272-90-8 29,90 €

Blumen wecken unsere Bewunderung, auch tiefere Gefühle und Assoziationen. Schon die Bibel preist sie als Symbol irdischer Schönheit und Lieblichkeit, als Ausdruck einer höheren Ordnung in der Natur. Wurzeln, Kräuter und Früchte bereicherten seit Beginn der Menschheit unseren Nahrungsplan, lieferten Heilstoffe und sichern bis heute unser Dasein im Jahreslauf. So bieten sie sich alle als hervorragende Vergleichsobjekte für unser menschliches Sein und unsere Entfaltung an.

Warum ist der Granatapfel ein Sinnbild für Erotik? Wie wurde die Akelei zur Pflanze des Lobpreises göttlicher Herrlichkeit? Was hat der Haselstrauch mit Spiritualität, Magie und Zauber zu tun?

www.synergia-verlag.ch

Synergia Auslieferung
Industriestraße 20
64380 Roßdorf

Tel: +49 (0) 61 54 - 60 39 5-0
Fax: +49 (0) 61 54 - 60 39 5-10
Mail: info@synergia-auslieferung.de